L'OMBRE DE NAPOLÉON AU CONSEIL DES MINISTRES;

PAR M. B.,

Auteur de l'APOTHÉOSE, des DERNIERS ADIEUX, etc.

> De mauvais ministres sont de véritables CANCERS.

A PARIS,

CHEZ LES MARCHANDS DE NOUVEAUTÉS.

AOUT 1821.

IMPRIMERIE DE GUIRAUDET, RUE St.-HONORÉ,
N°. 315.

L'OMBRE
DE NAPOLÉON

AU
CONSEIL DES MINISTRES.

Il est minuit......... les vents dominateurs du Nord franchissent l'espace, et semblent avoir glacé la nature! Des phénomènes inouïs et dévastateurs paraissent rivaliser avec l'esprit de certains hommes pour effrayer et tout anéantir! Des nuages noirs et chargés de matières pestilentielles ont passé devant l'astre des nuits..... A cette heure, quelques chars funèbres passent devant la colonne.....

Ces chars portent de grands hommes; maîtres des destinées de la France, ils vont se réunir chez un homme plus grand encore, et là, Richelieu, sous la figure de Minerve, va présider cet illustre conseil......... Combien la France est heureuse sous l'administration de pareils législateurs ! Ce ne sont plus des milliards que l'on dépense, des générations que l'on foudroie....... L'abondance règne partout : la pensée d'Henri IV s'est réalisée. Oui, l'abondance règne, s'écrieront, tout d'une voix, ceux qui plongent insolemment dans les trésors de l'État !.....

Enfin le Conseil est assemblé ! Il s'agit de proposer, soutenir et d'obtenir des lois oppressives ; de maintenir les impôts ; de préparer des pièges ; de trafiquer, à prix d'argent, de certaines consciences ; de soudoyer des êtres vils ; en un mot, de marquer son zèle par de grandes choses inutiles, de grandes phrases ; par ce dévouement qui produit le néant, et par ce noble désintéressement qui accroît la fortune des ministres.

Et ces ministres ont à peine commencé leurs importantes opérations, qu'un bruit sourd se fait entendre ; le parquet a tremblé, une odeur de naphte s'élève vers la voûte, et l'ombre du grand Napoléon apparaît aussitôt ; non pas tel que le poison de la mort a pu le présenter à quelques yeux, mais bien tel qu'il était, quand du milieu d'un sénat, il commandait aux destinées du Monde et réunissait en lui seul toutes les ambitions d'une grande patrie.

Les ministres sont muets, immobiles d'étonnément...... il ne leur reste plus que la faculté d'entendre.

Alors cette ombre illustre prononça ce discours :

« Messieurs,

« S'il est vrai, comme vous le répétez sans cesse, que vous aimiez votre patrie, comment se fait-il donc que vos services n'aient pour résultat que l'oppression de cette même patrie ?

« Ne vous effrayez pas..... *je n'existe plus*, je ne viens point ici pour défendre ma mémoire outragée par vous...... Aussitôt que je fus malheureux vous avez cru devoir appeler les vengeances terrestres sur celui qui vous avait tirés de l'obscurité. Je ne puis vous en vouloir : ce sentiment est naturel à certains hommes toujours habiles à me reprocher certains faits politiques, des fautes et une ambition extrême peut-être, vous ne voulez voir en moi que despotisme et tyrannie. Messieurs, je régnais par moi-même, ma volonté était la mienne et toutes mes actions avaient pour principes la gloire, la splendeur de la France..... Je me suis trompé dans le choix de ma confiance plus que dans mes projets ; mes propres infortunes devraient au moins vous servir de leçon.

« Nous allons voir ce que vous avez fait.

Vous parlez de *crimes*...... N'aurait-on pas de *morts* à vous reprocher ? Voyons ce que vous avez fait pour cette France que j'aime, et si vous méritez la fortune et les honneurs qui vous environnent ?

« Vous, Monsieur de Richelieu, déposez le casque de Minerve. Voyons quel est votre génie, votre jugement, vos talens. Vous souvient-il quel homme d'état vous étiez avant d'avoir le gouvernement d'Ekaterinoslaf (1), et quelles sont aujourd'hui vos facultés législatives ? Avant que d'accepter et le portefeuille du ministère des relations extérieures et la présidence du Conseil des ministres, il faut consulter ses forces ; il ne suffit pas de se croire honnête homme, il faut avoir le sentiment de son talent et connaître parfaitement la dignité des fonctions que l'on veut remplir. Vous êtes, Monsieur, tout-à-fait étranger en France ; vous ignorez le génie de l'administration, la cause de sa décadence, et les moyens à prendre pour lui imprimer un degré de perfectionnement, source première de la prospérité des peuples. Abdiquez, Monsieur, des fonctions étrangères aux facultés que le ciel vous a données. Restez premier gentilhomme de la Chambre...... C'est un beau poste...... On

(1) Odessa.

approche le Souverain ; on peut ne point lui cacher la vérité, ne point laisser au secrétariat tel ou tel mémoire, pour ne placer sous ses yeux que de futiles demandes.

« Pour vous, Messieurs, puisque je vous avais appelés à l'honneur de servir l'Etat, j'avais donc dû reconnaître en vous quelque mérite ; mais, pouvant être beaucoup par moi, croyez-vous être tout par vous seuls ?

« Je n'ai point oublié vos noms ni vos services. Vous, Siméon, vous m'avez été très-utile dans le royaume de Westphalie ; vous aimez trop l'argent et vous oubliez quelquefois la *légalité*. Vous êtes bien vieilli, vous n'êtes plus qu'une ombre..... On vous mène, pauvre Siméon, et vous n'avez de volonté que celle de vos commis. Vous avez pêché en abondance pour vous et les vôtres ; abdiquez à votre tour et n'oubliez pas que vous êtes assez riche pour ne pas accepter la pension : faites donc une belle action.

« Vous, Monsieur Roy, je savais bien que vous étiez un très-fidèle intendant et connaissiez les jeux de bourse ; c'est précisément pour cela que je ne vous aurais point appelé aux finances. Malgré tous ses biens, le pauvre Corvetto est mort, et l'abbé Louis n'engraisse pas. Allons, croyez moi, donnez votre démission : le duc de Gaëte pourrait mieux faire que vous, et Mollien serait très-bien au trésor.

« De Cazes, voulez-vous que je vous donne le total de votre fortune en 1810 et le total de ce que vous avez aujourd'hui *légitimement acquis ?* Vous avez de la tournure, de l'esprit, du brillant même, mais en vérité je n'aurais jamais fait de vous un premier ministre. Enfin, Dieu l'a voulu..... ! et vous le voulez encore.

« Eh ! bien, mon cher Mounier, votre père était un homme à talent, et de plus un homme de bien ! Hérite-t-on des vertus de ses pères ? Avouez que vous vous donnez trop d'importance. Je vous trouve grandi et cependant je vous eusse trouvé trop petit pour vous charger à-la-fois et de la police, et du personnel administratif, et de la comptabilité des communes, et......

« Portal est un ministre de la marine très-utile aux Anglais ; c'était un bon chef de division : il entend le commerce, ses affaires.

« Vous, Messieurs Pasquier et de Serre, vous plaidez à merveille le pour et le contre ; je crois que l'on s'appercevra bientôt de la nécessité de vous remplacer : il faut de la bonne-foi dans les affaires.

« Toi, Latour-Maubourg, au ministère de la guerre ! Ton ministère est une république en décadence, c'est un gouffre ; que serait-ce donc si on envoyait une armée de 150,000 hommes au secours des Grecs, ce qui serait déjà fait si je régnais encore ?

« Lauriston a aussi son paisible ministère; quelle importance !

« Eh ! que fait ici Beugnot ? Il a fait pour moi de belles proclamations. Il parut dans la Seine-Inférieure riche de son infortune, et le voilà pauvre de trois millions ! Il a de l'ambition et le cœur dur ; c'est mal. L'octroi de Rouen, son ministère de Westphalie, et les finances du grand duché de Berg, sont de bonnes choses ; eh puis ! l'intégrité commence où le besoin finit.

« Je me propose d'apparaître dans la session prochaine, au milieu de la chambre des députés. Comment ! une chambre constitutionnelle qui fait des actes inconstitutionnels ! Ce n'est pas bien..... Et la chambre des pairs..... et mon sénat..... comme j'aurais du plaisir à revoir tous ces messieurs, et à leur rappeler tout le bien qu'ils auraient dû faire depuis six ans !

« Mais terminons ici toutes ces plaisanteries : j'ai à vous parler plus sérieusement dans les intérêts de la France que j'aime.

« Vous avez réduit la France à un état d'avilissement que vous cherchez à prolonger encore. Vous la dévorez par des impôts, et vous avez détruit toutes les institutions grandes et généreuses. L'élan que j'avais donné au commerce est anéanti; l'agriculture voit ses bénéfices immenses passer dans des trésors étrangers à la prospérité publique. La marine est détruite; l'armée sans esprit de discipline, sans amour de la patrie; l'administration publique est abandonnée à une génération d'hommes dont elle est devenue le patrimoine; les tribunaux se laissent influencer par la main du pouvoir, et l'esprit de parti a fait place à l'amour de la patrie, à la gloire nationale. Plus de prestige..... tout est dégradation et misère. Eh! voilà votre ouvrage!

« Et cependant il vous était aisé de travailler à réparer les malheurs des invasions sans chercher à démoraliser le premier peuple du monde. Vers le commerce le premier soin devait se tourner : le commerce est le premier lien des nations, et la gloire qu'elles en retirent n'affecte point l'humanité. Rome fut riche de ses conquêtes, Tyr de son génie; l'une épouvantait la terre, usurpait les fortunes; l'autre devait à son industrie, à son commerce, les richesses immenses qu'elle possédait; Rome méprisait le commerce, y était inhabile, et ne possédait que d'avides usuriers; riche des dépouilles du monde, elle voulait une gloire plus solennelle, du fer et des soldats. Tyr, moins superbe, n'armait pas des légions conquérantes, mais étendait partout les cent bras du commerce ; et cependant ses citoyens étaient fiers, courageux. Celui qui soumit tout l'Orient, Nabuchodonosor, fut treize ans sous les murs de Tyr, et Tyr anéantie se relève aussitôt plus brillante et plus belle : le vainqueur de l'Asie éprouve son courage. Ainsi toutes les espèces de gloire sont communes au commerce, et vous avez fait ce qu'il fallait faire pour le détruire : les entraves croissent en foule dans les bureaux du ministère de l'intérieur, des douanes, des contributions indirectes, des impôts, *des droits* de toute nature semblent rivaliser pour tout anéantir.

« Cependant, la France est tellement commerciale qu'elle lutte avec succès contre l'inertie de son gouvernement ministériel.

« L'agriculture ! et que faites-vous pour elle ? La nécessité qui dévore le cultivateur le rend industrieux : ce sol privilégié de la nature produit en abondance, et cependant réclame dans beaucoup d'endroits l'irrigation, le dessèchement, l'engrais et la mise en culture.

« Je vois avec plaisir la construction de quantité de ponts et de canaux ; mais il convenait de concéder une telle entreprise à une compagnie générale, et non à des sociétés particulières servies par des bureaux obligeamment intéressés... Et M. Siméon n'a-t-il pas un parent à rendre concessionnaire ?

« L'embellissement de Lutèce régénérée marche bien lentemeut !

« La marine devrait armer pour secourir la Grèce : cette cause est assez belle ; la foi de nos pères, l'honneur, la patrie, tout s'y trouve intéressé.

« Et vous, M. le ministre de la guerre, ordonnez de grandes manœuvres; fatiguez, aguerrissez vos troupes : si la trompette sonne, que vos soldats soient animés du besoin et de la faculté de vaincre.

« Que chacun de vous, dans son ministère, pénètre, de l'œil, jusque dans le bureau de l'expéditionnaire ; qu'il ne signe jamais *comme dernière roue* d'une mécanique sans intelligence ; qu'il soit humain, accessible et généreux ; que l'amour de la patrie enflamme son cœur ; que le Code pénal soit corrigé ; que des lois arbitraires disparaissent, parce qu'elles frappent précisément l'innocent et protègent le coupable. (1)

« Alors, Messieurs, vous ne serez plus pour

---

(1) Par exemple, la loi du 15 germinal an 6, en matière de prise de corps ; les lois d'exception, de censure, etc.

la patrie de véritables cancers, vos noms seront honorés, et vous laisserez un long souvenir de regrets et d'amour. Maintenant, au contraire, chacun attend avec une sorte d'anxiété et d'espérance le remplacement de chaque ministre ; jusqu'à présent l'incapacité remplace l'ignorance : car je n'ose vous croire coupable de la mauvaise pensée de tout anéantir, de tout dévorer. J'ai élevé la France à l'apogée de l'empire romain ; la perfidie, toujours habile à détruire, s'est emparée du cœur de ceux que j'avais sortis de la poussière, ou qui me devaient leur fortune : ceux-là ont dominé ma pensée, et sollicité la *mort* qu'ils me reprochent, les malheurs de l'Espagne et les calamités de Moskou. Mais quel que soit le génie humain, il ne peut tout concevoir, et il lui appartient bien moins encore de s'opposer seul à ces grands désastres politiques, qui dénoncent aux mortels une puissance infernale qui, souvent, de l'homme de bien fait l'instrument involontaire du bouleversement des états.

« C'est donc au nom d'une solennelle expérience que je vous parle aujourd'hui le langage sévère de la vérité : la France est avide de gloire, de justice et de liberté ; la révolution a fait planer sur elle le soleil de la philosophie, et les nuages épais qui s'élèvent de quelques têtes ne sauraient l'obscurcir. Ne vous croyez donc de grands hommes qu'après avoir fait de grandes choses : vous vous traînez dans les ornières du char que j'ai conduit, et n'êtes point capables de franchir l'abîme que l'inexpérience et l'impéritie ont creusé sous vos pas. Flattez les goûts français, protégez le faible, employez les vertus nationales à reconquérir l'indépendance de la patrie, ne cherchez point à avilir, à dégrader, à détruire : il est beau de commander à des Français libres et instruits ; il serait humiliant de régner sur un peuple d'ilotes.

« L'on va diversement parler de ma mort : la vérité ne saurait échapper à l'histoire. Je n'ai point à déplorer ma fin : n'ai-je pas accepté la coupe d'Atrée en me livrant à la perfide Albion? Absous par le tribunal des nations, une main mercenaire a *cancéré* le sein de la victime : je dois trembler pour mon fils ; mais le crime pâlira : tout est vu par l'œil terrible de la divinité, rien n'échappe à ses vengeances, et j'irai, n'en doutez pas, j'irai, le flambeau de la vérité à la main, de rivages en rivages, de palais en palais, intéresser les peuples, intéresser les rois à apaiser mes mânes et à *déshériter* mon fils d'un *cancer* que je n'ai pas reçu en naissant... » Il dit, la foudre gronde, et l'ombre disparaît à l'instant.

Du reste, nous n'examinerons point ici si cette ombre illustre a bien ou mal raisonné; mais ce qui nous paraît une nécessité absolue, c'est une organisation nouvelle du ministère, et surtout des ministres différens, c'est-à-dire véritablement dévoués aux intérêts de la patrie.

On parle depuis six semaines de ce changement de ministres; mais les factions seules appellent tel ou tel individu, parce qu'elles le croient nécessaire à leurs vues, et le regardent comme le coryphée du parti. Cet esprit national, que l'on s'est plu à anéantir, ne pourra reparaître sur l'horizon politique que quand le gouvernement aura su parler le langage de la vérité, de la liberté, et remplacé de fallacieuses promesses par de grandes et nobles institutions.

Dès aujourd'hui la France peut reprendre son rang dans l'Europe : la position des cabinets de Londres et de Saint-Pétersbourg, de Vienne et de Constantinople, ouvre à notre gouvernement une carrière belle à parcourir, une cause plus belle encore à soutenir. La paix qui nous fut imposée nous ravale aux yeux de l'univers : prenons une attitude militaire; protégeons la Grèce, soyons alliés de la Russie pour empêcher cette dernière puissance de s'étendre vers le Bosphore; que protéger une nation, que la défendre, ne soient plus synonime d'usurpation.

Pour suivre une cause si noble, de nouveaux subsides ne sont pas nécessaires : le milliard que l'on perçoit chaque année doit laisser de grands capitaux oisifs dans les trésors, et ces bubgets que l'on rédige si correctement n'ont plus l'art d'en imposer. Dans tous les cas, quelles que soient les intentions du gouvernement français, nous voyons qu'il ne serait pas difficile de rencontrer des ministres exempts de toute passion et à l'abri de l'influence des partis et de l'étranger, habiles en administration comme en économie politique : alors, et seulement alors, nous pourrons voir renaître la prospérité nationale.

Un coup-d'œil sur la vie politique et privée des membres de notre ministère actuel nous les représentera comme avides de renommée, sans gloire, sans honneur. Actifs à soutenir leur cause, ils déploient à la tribune quelques talens; mais la bonne foi et la dignité se rencontrent rarement chez eux. Il n'est point étonnant d'avoir servi Napoléon, et de servir aujourd'hui un autre maître; mais il est dégradant d'oser déchirer, comme un vautour affamé, celui qui fit notre fortune, et qui, déchu d'un trône qu'il faisait resplendir de gloire, ne peut ni punir ni ajouter de nouveaux bienfaits à ses bienfaits nombreux.

Nous ne craignons point que notre accusation soit flétrie des noms de libelle et de calomnie : les faits parlent; et, sans rapporter ici toutes les calamités qui sont les tristes fruits de ce ministère, nous lui demanderons s'il peut compter une seule loi, grande, utile, noble, généreuse, qui ait reçu sa naissance sous ses auspices? Tout reste dans son imperfection : il sait détruire, il sait renverser, il sait créer le mal; mais il ne saurait produire, conserver, régénérer. Naguère encore une voix nationale appelait au ministère de la guerre le maréchal Soult, et le comte Daru à l'administration.

Au ministère de l'intérieur le comte Chaptal, et comme chargé de la police du royaume, un homme connu par sa justice et son impartialité.

Dans cet état de choses, l'on verrait avec plaisir appeler à la présidence du conseil des ministres un homme qui sentît toute la dignité de ces fonctions, et qui eût des idées nationales; et au ministère des relations extérieures un homme qui, n'ayant jamais été *obligé* de l'étranger, pourrait être *indépendant* dans son ministère; comme l'on verrait avec joie éloigner des affaires MM. Pasquier, de Serre, Mounier, Siméon, Roy, Portal, Becquey, Benoist, et une foule de chefs de division et de bureau qui, toujours complaisans et rampans devant le ministre du moment, semblent avoir pris à tâche de légaliser l'arbitraire et d'attenter aux droits sacrés des citoyens.

Qu'il nous soit permis d'espérer qu'un grand changement politique aura lieu prochainement, et que la France, réhabilitée dans l'esprit des nations, n'aura plus de lois à recevoir que d'elle-même.

FIN.

www.ingramcontent.com/pod-product-compliance
Lightning Source LLC
LaVergne TN
LVHW010259230826
846091LV00007B/3064

* 9 7 8 2 0 1 2 9 6 1 1 7 3 *